# ITINÉRAIRE

ET

# GUIDE DE L'ÉTRANGER A LORETTE,

ORNÉ D'UNE GRAVURE ET D'UN PLAN DE LA SAINTE MAISON,

PAR

M. l'Abbé GRILLOT,

AUTEUR DE LA SAINTE MAISON DE LORETTE.

PRIX : 60 CENTIMES.

Se vend au profit d'une chapelle dédiée à N.-D. de Lorette, dans l'église Saint-Pierre de Mâcon.

A MACON,
Chez l'Auteur et chez tous les Libraires.
A LYON,
Librairie catholique et classique de P.-N. JOSSERAND,
PLACE BELLECOUR, 3.

1867.

# ITINÉRAIRE

ET

# GUIDE DE L'ÉTRANGER A LORETTE,

ORNÉ D'UNE GRAVURE ET D'UN PLAN DE LA SAINTE MAISON,

PAR

M. l'Abbé GRILLOT,

AUTEUR DE LA SAINTE MAISON DE LORETTE.

---

PRIX : 60 CENTIMES.

---

Se vend au profit d'une chapelle dédiée à N.-D. de Lorette,
dans l'église Saint-Pierre de Mâcon.

A MACON,
Chez l'Auteur et chez tous les Libraires.

A LORETTE,
Chez Giovanni MORONI, via de'Coronari, 112.

MACON, IMPRIMERIE D'ÉMILE PROTAT.

Intérieur de la Sainte Maison.

Nous offrons ces pages à tous ceux à qui Dieu fera la grâce d'être un jour *pèlerins de Lorette*. Elles ne surchargeront pas le bagage du voyageur : pendant la visite du grand sanctuaire, elles lui seront un *cicerone* fidèle et presque indispensable, et plus tard, après le retour, un mémorial précieux. Nous les offrons également à tous ceux, en bien plus grand nombre, qui n'auront jamais la consolation de faire ce grand et délicieux voyage. Puissions-nous, en leur faisant faire avec la ville de Marie et sa Maison sainte une connaissance aussi intime que possible, les dédommager de la privation qui leur est imposée de voir de leurs yeux et de toucher de leurs mains le sanctuaire incomparable où s'est accompli le plus grand des mystères !

Nous n'avons rien négligé pour rendre cet ouvrage parfaitement complet et exact : nous avons envoyé à Lorette les premières épreuves, et nous n'avons fait procéder au tirage des exemplaires qu'après avoir reçu des personnes aussi éclairées que pieuses, à qui nous avions soumis notre œuvre, l'assurance que, du côté de l'exactitude, elle ne laissait rien à désirer.

Le produit de cette brochure est destiné à l'achèvement du sanctuaire que la pieuse générosité de nos compatriotes et le concours d'un éminent artiste nous ont permis d'élever. Ceux qui ont visité la chapelle de Notre-Dame de Lorette dans l'église Saint-Pierre de Mâcon savent qu'elle n'est indigne ni du magnifique monument qui la renferme, ni du grand souvenir qu'elle rappelle. Nous offrons donc aux âmes dévouées à la Sainte Vierge l'occasion de joindre au plaisir d'une utile lecture le mérite d'une belle et bonne œuvre.

# TABLE.

# ITINÉRAIRE

ET

# GUIDE DE L'ÉTRANGER A LORETTE.

---

## I.

### Indications pour le voyage de Lorette.

La création de nombreux réseaux de chemins de fer et le percement prochain du mont Cenis permettront de faire ce beau voyage avec une économie de plus en plus grande de temps, de fatigue et d'argent. Bien des personnes renoncent au pèlerinage de la Santa Casa parce qu'elles s'en exagèrent les difficultés. Nous sommes sûr de les surprendre agréablement en leur disant que, des contrées situées à l'est de la France, on peut facilement, par le chemin de fer, se rendre à Lorette en deux jours. Pour ceux qui ne voudraient que faire le pèlerinage, ce serait l'affaire d'une semaine au plus. Néanmoins, quoiqu'il y ait dans la seule visite de la Sainte Maison de quoi illuminer et réchauffer toute une vie, nous pensons que personne ne s'en tiendra là. Il y a presque à chaque pas, et sans s'écarter notablement de la route, de trop délicieuses stations pour le touriste, pour l'artiste et pour le chrétien! Les *lacs Majeur* et de *Côme*, qui le cèdent à peine aux plus beaux lacs de la Suisse; les *îles Borromées*; *Arona*, la patrie de saint Charles, où l'on voit sa statue colossale; *Milan*, et, tout près, la *Chartreuse de Pavie*, le plus somptueux monastère qu'il y ait au monde; *Brescia; Solferino; Vérone; Mantoue; Padoue;* **Venise;** *Ferrare; Bologne; Rimini; Ancône*, et enfin **LORETTE.** Puis, à moins qu'on ne préfère se rendre à *Naples* par les Abruzzes, ou à *Rome* par les grands sanctuaires des Apennins : *Assise* et *Spolète*, on peut revenir par *Modène, Parme, Plaisance et Turin.*

Il y a trois itinéraires pour un voyage du nord de l'Italie : 1° par *Genève;* 2° par *Chambéry;* 3° par *Nice.*

**1° Par Genève.** — Après avoir traversé le lac, s'arrêter à *Saint-Maurice-en-Valais*, pour visiter le monastère et le théâtre du martyre de la légion thébaine; puis à *Vernayaz*, pour admirer la cascade de Pissevache et les effroyables gorges du Trient. — A *Martigny*, deux voies se présentent : l'une par le **Saint-Bernard** et la vallée d'Aoste, d'où l'on gagne, par Ivrée, *Turin;* l'autre par le **Simplon.** — S'arrêter à **Baveno** pour visiter les *îles Borromées* (on peut aller voir le fond du lac en bateau à vapeur). — A l'extrémité méridionale du lac, **Arona.** — Au lieu de se rendre directement d'Arona à Milan, nous conseillons de se faire débarquer à **Laveno** (en face de Baveno), d'y louer un cabriolet pour aller visiter la *Madonna del Monte* et gagner **Varèse.** — De Varèse, par la diligence, à **Côme.** (On peut, et nous dirons même, tant les rives en sont belles, *il faut* visiter le lac en bateau à vapeur.) — De Côme, par le chemin de fer, à *Monza* et à **Milan.** — Visiter la *Chartreuse de Pavie.* — De Milan, par le chemin de fer, à **Brescia**, puis à **Vérone**, d'où excursion à **Mantoue**, et, si l'on veut, à **Trente.** (1) — De Vérone, par **Vicence** et **Padoue**, à **Venise.** — De Venise, par Padoue et **Ferrare**, à **Bologne.** — De Bologne à **LORETTE**, par **Rimini** et **Ancône.** (Si l'on voulait abréger le voyage et sacrifier Venise, on se rendrait directement de Milan à Lorette, par Plaisance et Bologne, ou plus directement encore de Turin à Lorette, par Alexandrie, si l'on voulait sacrifier Milan.)

---

(1) Par le chemin de fer, Mantoue n'est qu'à 1 heure de Vérone; Trente à 3 heures et demie.

2° Par **Chambéry**. — De Chambéry, par le *mont Cenis* et *Suze*, à **Turin**; puis **Verceil**, **Novare**, **Milan** et l'itinéraire ci-dessus. (C'est la route la plus directe.)

3° Par **Nice**. — De Nice à **Turin**, par le *Col de Tende* et *Coni*; ou de Nice à **Gênes**, par le paquebot; puis de Gênes, par **Alexandrie**, à **Turin**, à **Pavie**, à **Plaisance** ou à **Milan**, puis le reste comme ci-dessus.

## II.

### La Place de la Madone et le Palais apostolique.

Pour le pèlerin, Lorette se réduit à peu près à la *Place de la Madone* et aux monuments qui l'entourent. Nous laisserons donc de côté la vieille enceinte bâtie par les Papes afin de protéger la Sainte Maison contre les Turcs, les couvents, les hospices, la place et la fontaine des Coqs, et nous nous transporterons immédiatement en face de la basilique.

La place de la Madone forme un carré long d'environ 220 mètres de tour. Au milieu, s'élève une fontaine où jaillissent les eaux amenées par le magnifique aqueduc de Paul V, qu'on voit se développer dans la plaine. Les groupes d'aigles, les dragons et les tritons en bronze qui la décorent sont de Tarquin et Pierre-Paul Jacometti.

A droite est le Collége illyrien, à gauche le **Palais apostolique** élevé par Jules II et ses successeurs sur les plans de Bramante; ce palais se replie derrière vous pour former le fond de la place. Au rez-de-chaussée s'étendent de vastes portiques soutenus par des pilastres doriques, et couronnés d'une élégante corniche. Au-dessous de la corniche sont des emblèmes représentant les armoiries des Papes et des Cardinaux protecteurs de Lorette, ainsi que diverses sculptures se rapportant à la Santa Casa. L'étage supérieur, d'ordre ionique, se compose de fenêtres arrondies avec grâce, de balustres de marbre et d'une magnifique rampe qui circule tout autour du bâtiment. Çà et là sont des piédestaux qui attendent encore les statues qui doivent les surmonter.

A l'étage supérieur sont diverses salles composant une sorte de musée. On y remarque : une *Vue de Lorette* et une *Translation de la Sainte Maison*, par Foschi; — *Le Christ mort soutenu par Dieu le Père*, attribué au Guerchin; — *La Madone et l'Enfant-Jésus*, de Mazzuola; — *Saint Nicolas de Bari*, par le chevalier Conca; — *La Femme adultère*, par Lorenzo Lotto; — *La Conception*, par Joseph Crespi, Bolonais; — *Sainte Claire*, par le Schidone; — *Notre-Dame et quelques saintes vierges*, par Jean Baglione, Romain; — *La Cène*, chef-d'œuvre de Simon Vouet; — *Femme adultère*, de l'école du Titien; — *Le Cénacle*, par Félix Damiani, entouré de *quatre petits tableaux* du Schidone.

De cette première chambre on pénètre, à droite et à gauche, dans plusieurs autres salles richement décorées. Les voûtes ont été peintes par le Bolonais Francois Stagni, et les murailles sont ornées de tableaux précieux, parmi lesquels on remarque : *La Crèche*, d'Annibal Carrache; — *Le Christ en croix*, du Pomarance; — *La Conception*, de Philippe Bellini; — une copie de la *Nativité de la Vierge*, de Maratti.

Le cabinet le plus reculé au couchant renferme des tapisseries exécutées d'après les célèbres cartons de Raphaël conservés à Londres. Elles sont au nombre de sept :

1° *Le peuple de Lystre voulant offrir à Paul et à Barnabé un sacrifice que refusent indignés les saints apôtres;*

2° *Pierre et Jean guérissant un boiteux de naissance, devant la porte du temple de Jérusalem;*

3° *Jésus-Christ remettant à saint Pierre les clefs du royaume des cieux;*

4° *Saint Paul rendant subitement aveugle, devant le proconsul Sergius Paulus, le magicien Élymas qui s'opposait à la doctrine de l'apôtre;*

5° *La pêche miraculeuse;*

6° *Saint Paul prêchant aux Juifs de Rome, pendant sa captivité.*

7° *Le linceul mystérieux rempli de toutes sortes d'animaux, présenté à saint Pierre dans une vision.*

Ces précieuses tentures ont été données à la Vierge de Lorette par le cardinal Sforza Pallavicini.

De la salle des Tapisseries on descend à la chapelle de l'Oratoire nocturne. La voûte est peinte par l'école de Roncalli. Au-dessus de l'autel est une belle fresque représentant *la dernière Cène*; à droite, un admirable tableau du *Baptême de Jésus-Christ*, par Tibaldi.

De l'Oratoire nocturne on va visiter la pharmacie célèbre par les 380 vases qu'elle renfermait, et dont quelques-uns se voient au Trésor de la Sainte Maison. Ils ont été peints sur les dessins de Raphaël, de Jules Romain et de Michel-Ange. On peut les diviser en quatre classes: 1° sujets tirés de l'Ancien et du Nouveau Testament; 2° de l'Histoire romaine; 3° des Métamorphoses d'Ovide; 4° collection variée de jeux enfantins. (1)

## III.

### Façade de l'église.

Revenons à la grande place, et ne détachons plus nos yeux de l'auguste basilique. Sa coupole élancée se dessine sur l'azur du ciel comme un globe immense; son clocher, œuvre de Vanvitelli, porte à plus de 180 pieds dans les

(1) Pendant le séjour qu'elle fit à Lorette, Christine, reine de Suède, fut si charmée de ces vases, qu'elle offrit de les échanger contre un nombre égal de vases d'argent.

« Nous vîmes là, dit un gentilhomme anglais du XVII<sup>e</sup> siècle, des pots si curieusement peints et travaillés, qu'ils rendent les médecines agréables. Pour les quatre pots peints par Raphaël, un ambassadeur de France offrit en vain quatre pots d'or de même épaisseur. Aussi on peut dire que les doigts de Raphaël avaient la même vertu que ceux de Midas, puisqu'ils transformaient des pots de terre en des pots d'or. »

airs ses quatre étages dorique, ionien, corinthien et composite, que surmonte une pyramide octogone dominée par la croix.

Quelle est, sur le parvis même de la basilique, cette statue de bronze, assise sur un trône, la main levée pour bénir? C'est Sixte V, coulé par Calcagni. Sur la base se voit un lion de bronze, dressé sur ses pattes de derrière, tenant dans sa griffe une branche de poirier (1) surmontée des clefs et de la triple couronne que soutiennent deux anges. Ce sont les armes du Pontife. A droite et à gauche sont celles du cardinal Peretti, son neveu, et du cardinal Gallo, protecteur de la Santa Casa. Au-dessous, une inscription rappelle les titres de Sixte V à la reconnaissance des Marches. Les deux cadres latéraux sont remplis par des bas-reliefs représentant l'*Entrée triomphale du Sauveur à Jérusalem*, et *Jésus chassant les vendeurs du temple*. Derrière sont gravées les armes des Marches (2), et au-dessous les noms des six cardinaux originaires de cette province et créés par Sixte V. — Aux quatre angles sont placées les quatre statues de la *Justice*, de la *Charité*, de la *Religion* et de la *Paix*.

La façade de la basilique, commencée sous saint Pie V, continuée sous Grégoire XIII, ne fut terminée que sous Sixte V. Au-dessus du frontispice de la porte du milieu, on admire une ravissante statue de bronze, de grandeur colossale, représentant *la Sainte Vierge portant l'Enfant-Jésus dans ses bras*. C'est l'œuvre de Jérôme Lombard.

Les trois fils de cet artiste : Pierre, Paul et Jacques, furent chargés de sculpter cette porte. Ils ont représenté, dans une série de tableaux en relief,

A droite, en commençant par le haut :

1° *Création d'Ève;*

2° *Le Père Éternel, entouré d'un groupe d'anges, bénissant Adam qu'il vient de créer;*

3° *L'Ange chassant du Paradis nos premiers parents;*

---

(1) *Peretti*, poirier; c'était le nom de la famille de Sixte V.

(2) Un pic. Le Picenum tirerait son nom de Picus. Voir Virgile, *Æn*. Liv. VII.

4° *L'Église catholique, sous la figure d'une femme pleine de majesté, recevant les hommages du peuple fidèle;*

5° *Abel mis à mort par Caïn;*

6° *L'Église accueillant l'Innocence qui vient à elle une palme à la main;*

A gauche :

1° *Ève présentant à Adam le fruit défendu;*

2° *L'Hérésie, sous la forme d'un serpent, cherchant à troubler l'Église représentée par une femme assise;*

3° *Loi du travail;* Adam bêche péniblement la terre, tandis qu'Ève fait tourner son fuseau.

4° *L'Église, un lys à la main, accueille, pour les purifier, les pénitents résignés;*

5° *La fuite de Caïn poursuivi par la colère de Dieu;*

6° *L'Hérésie fuyant devant l'Église catholique, en se mordant les mains.*

La **porte latérale à gauche**, c'est-à-dire du côté du clocher, est l'œuvre de Tiburce Verzelli, élève de Jérôme Lombard. Chaque battant est divisé en cinq tableaux environnés d'arabesques et ornés de statuettes des prophètes et des sibylles.

A droite :

1° *Création d'Adam,* — entre l'*Annonciation* et le *Baptême de Jésus-Christ;*

2° *L'Ange annonçant à Agar dans le désert la naissance d'Ismaël,* — entre *Agar chassée par Abraham* et l'*Ange lui montrant la source qui sauvera son fils;*

3° *Sacrifice d'Abraham,* — entre le *Portement de croix* et le *Crucifiement;*

4° *Passage de la mer Rouge,* — entre *Moïse annonçant la dixième plaie* et *Moïse levant sa verge pour réunir les flots;*

Sur les deux médaillons : *Jésus au jardin des Oliviers* et le *Couronnement d'épines.*

5° *La manne tombant du ciel.*

A gauche :

1° *Création d'Ève,* figure de l'Église naissante, — entre *Jésus-Christ donnant les clefs à saint Pierre* et la *Descente du Saint-Esprit;*

2° *Rebecca abreuvant les chameaux d'Eliezer,* — entre

*Eliezer accueilli par Bathuel et Laban* et la *Naissance d'Esaü et de Jacob*;

3° *Triomphe de Joseph en Egypte*, — entre *Jésus-Christ devant les docteurs* et l'*Entrée triomphale à Jérusalem*;

4° *Mort d'Holopherne*, — entre *Judith se rendant au camp* et *Judith plaçant la tête d'Holopherne sur les murs de Béthulie*.

Les deux petits médaillons représentent les *Vendeurs chassés du temple* et la *Résurrection du Sauveur*.

5° *Moïse fait jaillir l'eau du rocher*.

**La porte latérale de droite** est l'œuvre d'Antoine Calcagni, assisté de Tarquin Jacometti et de Sébastien Sébastiani. On y voit,

A droite :

1° *Sacrifices de Caïn et d'Abel*, — entre la *Nativité de Marie* et sa *Présentation au temple*;

2° *Sacrifice de Noé après le déluge*, — entre l'*Entrée dans l'arche* et *Cham maudit*;

3° *L'arche transportée à Jérusalem*, — entre la *Visitation* et la *Nativité du Sauveur*;

4° Le *Buisson ardent*, — entre *Moïse sur le Nil* et la *Verge changée en serpent*;

Sur les deux médaillons : *la Circoncision* et la *Fuite en Egypte*;

5° *Abigaïl allant à la rencontre de David*;

A gauche :

1° Le *Meurtre d'Abel*, — entre le *Mariage de la Sainte Vierge* et l'*Annonciation*.

2° L'*Échelle de Jacob*, — entre *Jacob gardant les troupeaux de Laban* et sa *Lutte avec l'Ange*;

3° Le *Trône de Salomon*,— entre *Anne la prophétesse* et l'*Adoration des Mages*;

4° Le *Serpent d'airain*, — entre *Caleb et Josué revenant de la Terre promise* et *Nadab et Abiu dévorés par le feu profane qu'ils avaient mis dans leur encensoir*;

Dans les petits médaillons : les *Apôtres au tombeau de la Sainte Vierge* et le *Couronnement de Marie au ciel*;

5° *Esther devant Assuérus*.

## IV.

### Intérieur de la basilique.

Nous commençons le tour de l'église par les chapelles qui sont à droite en entrant.

*1re chapelle.* — On y voit un bas-relief en bronze représentant la *Déposition de croix*, que les Italiens désignent sous le nom de *Pietà*.

*2e chapelle.* — Elle possède une mosaïque de *saint Benoît* et *saint Dominique*. Sur le gradin de l'autel est un petit tableau représentant *saint Joseph de Copertino en extase devant la Sainte Maison*. Des troupes d'anges descendent du ciel apportant aux hommes les grâces obtenues dans la Santa Casa.

*3e chapelle.* — Un *saint François de Paule*, d'Antoine Cavalucci, reproduit en mosaïque.

*4e chapelle.* — Mosaïque représentant *saint Charles* et *saint Emidius*.

*5e chapelle.* — Mosaïque représentant la *Conception*, d'après Maratta. Aux côtés, *saint Jacques de la Marche* et *saint Gaëtan*, par Alexandre Ricci. Ces deux saints, ainsi que la plupart des précédents, sont des pèlerins de Lorette.

*6e chapelle.* — Mosaïque représentant le *Mariage de la Sainte Vierge*. On y voit les prétendants évincés brisant de dépit leur baguette de noisetier, tandis que saint Joseph tient à la main sa verge fleurie : allusion à une légende d'après laquelle la main de Marie devait être accordée à celui des prétendants dont la baguette de noisetier fleurirait pendant la nuit (1).

A l'angle, à droite, est une sacristie habituellement fermée. A l'extrémité du bras de la croix formée par la basilique sont trois autres chapelles.

---

(1) En France, une autre croyance populaire se rattache à ce souvenir; c'est qu'en mémoire de ce prodige les noisetiers sont en fleurs à toutes les fêtes de la Sainte Vierge.

Dans la 1re est une mosaïque où l'on voit, près de saint Joachim et de sainte Anne, *la Sainte Vierge encore enfant arrosant un lys*, symbole de la pureté, tandis qu'un rayon de lumière descend du ciel sur sa tête. Joachim étonné montre ce prodige à son épouse, qui, ravie d'admiration, regarde le ciel en bénissant Dieu. L'original de ce tableau est d'Angélique Kauffman.

La 2e chapelle, plus profonde que les deux autres, sert de chœur aux chanoines. Les tableaux, au-dessus des stalles, sont de Lorenzo Lotto. Au plafond la *Madone assise sur la Sainte Maison*, de Gasparini.

La 3e chapelle est consacrée à l'*Annonciation*. La mosaïque de l'autel où est représenté ce mystère est imitée de Frédéric Barocci, d'Urbin. Les fresques de la voûte, où l'on admire surtout une figure pâle et couverte d'un voile, tenant une croix à la main, symbole de la *Foi*, sont de Zuccari, ainsi que le *Mariage de la Vierge* et la *Visite à sainte Elisabeth*, peinte également à fresque, en 1583.

Vient ensuite la sacristie de la cure, où l'on admire les fresques peintes à la voûte, par Lucas Signorelli, et de riches armoires ornées de points de vue et d'arabesques.

Plus loin sont deux tombeaux : le premier est celui de Mgr Cabannes, gouverneur de Lorette et originaire d'Avignon ; le second est le tombeau du cardinal Cajetan. Une inscription rapporte qu'il le fit exécuter lui-même, comptant pour sa dernière heure sur le secours de cette même Vierge Marie qui l'avait tant protégé durant sa vie. Sur la pierre tumulaire on lit ces mots : « C'est ici que j'habiterai ; car c'est la demeure que j'ai choisie. »

Après ces mausolées commencent les chapelles du fond du chœur. La 1re possède la plus belle mosaïque qui soit dans cette église ; c'est la *Nativité de la Vierge* copiée sur l'original d'Annibal Carrache, que possède aujourd'hui le musée du Louvre.

La 2e est la chapelle du Saint-Sacrement. Au fond est une copie du *saint Philippe de Néri*, du Guide. La fresque du côté de l'évangile représente le *saint Sacrifice de la messe*, et celui qui fait face *Tancrède, blessé par Argant*, expirant dans les bras d'Herminie au siége de Jérusalem (1). Deux autres fresques, plus petites et plus rapprochées de l'autel, nous montrent *Nicolas Frangipani faisant élever une église au lieu où avait séjourné la Sainte Maison, en Dalmatie*, et l'*Apparition de la Sainte Vierge à l'évêque Alexandre.*

La 3e chapelle a, sur l'autel, une mosaïque où l'on voit *sainte Catherine agenouillée avec saint Jean-Baptiste au tombeau de la Sainte Vierge*, et, dans les airs, la *Sainte Vierge portée au ciel.* A la voûte sont représentées la *Crèche*, la *Circoncision* et la *Transfiguration.* Sur la muraille à gauche, la *Prédication de saint Jean*; sur celle de droite, la *Décollation du Précurseur.* Toutes ces peintures sont des chefs-d'œuvre de Pellegrin Tibaldi, de l'école bolonaise.

La 1re chapelle du bras gauche du transept possède une mosaïque ayant pour sujet la *Visitation.* C'est la plus ancienne de Lorette; elle date de 1787. A droite et à gauche sont deux tableaux représentant, l'un *saint Jean interrogé par les princes des prêtres*; l'autre *le Sauveur montrant aux envoyés du Précurseur, comme preuve de sa divinité, les malades guéris et les pauvres évangélisés.*

La 2e chapelle est appelée chapelle du *Rosaire*, parce que tous les mystères de cette dévotion sont peints à la voûte. De chaque côté sont deux tableaux représentant *saint Thomas d'Aquin entre saint Pierre et saint Paul*, et *le même docteur écrivant sa Somme théologique.*

La dernière chapelle est tout ornée de fresques qu'on attribue au Lombardelli. Sur les murailles sont peints les *Noces de Cana* et l'*Enfant-Jésus au milieu des docteurs*; à la voûte, la *Fuite en Egypte*, l'*Adoration des Mages* et le *Couronnement de la Sainte Vierge.* Cette chapelle n'a point d'autel; mais à la place se trouve une porte qui conduit à une 3e sacristie et à la salle du grand Trésor. Nous reviendrons à cette sacristie et au Trésor après avoir terminé la visite de la basilique.

---

(1) « Ne me conduisez pas sous ma tente, s'écrie le guerrier mourant, mais à la cité royale de David; peut-être le lieu où expira l'Homme immortel me rendra la route des cieux plus facile. » (*Jérusalem délivrée*, chant XIX.)

Il nous reste encore six chapelles à visiter :

Dans la 1re est une *Cène* en mosaïque, d'après un original de Simon Vouet, peintre français.

Dans la 2e, une mosaïque de *Maria desolata* qu'un ange fortifie et console.

Dans la 3e, une mosaïque de *saint Michel*, du Guide, dont l'original est chez les Capucins de la place Barberini à Rome.

Dans la 4e, mosaïque, d'après le Dominiquin, représentant *saint François d'Assise conduit par un ange*.

Dans la 5e, mosaïque de *saint Ignace* et *saint Philippe de Néri*.

Dans la 6e est le *Baptistère*, qui est une des merveilles de cette admirable église. Les fonts seuls ont coûté 80,000 francs. Ils sont formés d'un grand vase de bronze, au sommet duquel s'élève la statue du Précurseur baptisant le Sauveur du monde. Autour des fonts est représenté en relief tout ce qui, dans l'Ancien et le Nouveau Testament, rappelle le baptême. D'abord, *saint Jean prêchant sur les rives du Jourdain;* parmi la foule qui l'environne, on remarque des enfants curieux qui, pour mieux voir, sont montés sur les arbres. A droite de ce groupe admirable, on voit la *Circoncision du Sauveur;* à gauche, la *Guérison de Naaman* se baignant, par ordre d'Élisée, dans les eaux du Jourdain. Sur le devant, *Jésus, chassé par les Pharisiens, rencontre l'aveugle-né à qui il rend la vue en lui mettant sur les yeux de la boue faite avec sa salive*. A gauche, *Saint Philippe explique à l'eunuque de la reine de Candace l'Ecriture que ce dernier lisait sans la comprendre :* on dirait qu'on voit courir les chevaux et rouler le char où sont emportés le néophyte et le ministre sacré qui va le laver dans les eaux de la grâce. Quatre statuettes d'un travail exquis sont aux coins du vase pour exprimer les merveilleux effets du baptême : — La 1re représente la *Foi* avec cette devise : « Elle ne saurait être trompée. » *Nescia falli*. — La 2e, l'*Espérance* avec ces mots : « Elle ne saurait être ébranlée. » *Nescia flecti*. — La 3e, la *Charité* avec cette inscription : « Elle ne saurait être divisée. » *Nescia scindi*. — La 4e, la *Persévérance*, ayant auprès d'elle un chien et un crâne dénudé, symboles de la fidélité jusqu'à la mort; elle a pour légende : « Elle ne saurait être brisée. » *Nescia frangi.* Au-dessous de ces statues sont quatre médaillons qui approprient ce baptistère à l'église de Lorette. On y voit la *Sainte Maison traversant dans les airs la mer Adriatique, —* puis *s'arrêtant dans le bois des lauriers, — passant sur la colline des deux frères de Récanati, —* et enfin *se fixant dans le lieu où elle repose aujourd'hui.*

Revenus à la porte principale par laquelle nous sommes entrés, montons par la grande nef vers la coupole et le revêtement de la Santa Casa.

Les prophètes, peints en grisaille à la voûte de la grande nef, sont de Lucas Signorelli, à l'exception des trois derniers qui sont du Pomarance.

Sous le pontificat de Clément VII, la coupole menaçait de s'écrouler, et sa ruine devait entraîner celle de l'église entière. Antoine de San Gallo fut chargé de prévenir ce désastre; il s'en acquitta avec un mérite et un succès tels, que Vasari compare cette restauration à la résurrection d'un mort, et n'hésite pas à en faire le chef-d'œuvre d'un architecte qui peut lutter de génie avec Michel-Ange.

La coupole fut décorée par Roncalli, aidé de quelques artistes du temps. Sur les pendentifs, on voit *les quatre Évangélistes;* plus haut sont les *Vertus,* les *Docteurs* et *deux chœurs d'Anges* placés en cercle les uns au-dessus des autres, exécutant un concert.

Nous voici devant la façade occidentale du revêtement en marbre de Carrare de la Santá Casa. Mais avant de l'examiner en détail, passons au Trésor.

## V.

### Salle du Trésor.

De l'église pour aller au Trésor, on passe d'abord par la sacristie où se revêtent des ornements sacerdotaux les prêtres qui doivent célébrer la messe à l'autel de la Santa Casa ou à celui de l'Annonciation. On remarque dans cette sacristie, au-dessus du lave-mains, un admirable tableau du Guide représentant une *Pieuse Dame instruisant des jeunes filles*; — au-dessus du prie-dieu, à gauche, un clair-obscur que les uns attribuent au Tintoret, d'autres à Jacques Callot; — à droite, *la Sainte Vierge communiée par Notre-Seigneur*, de J. Chiari, Romain; — entre les deux fenêtres, un *Christ* ou plutôt un *Martyr entraîné par les bourreaux*, de Gérard des Nuits; — plus bas, un *Saint Jérôme*, de Palma le jeune ou de P. Véronèse; — en face des fenêtres, *la Madone avec la Madeleine, l'Enfant Jésus et saint Jean*, par P. Mazzuoli; — au dessous, l'*Ensevelissement de Notre-Seigneur*, par Zuccari. — La *Vierge et l'Enfant-Jésus*, sur cuivre, est une délicieuse copie de Raphaël exécutée par Garofolo. — Le *Sauveur contemplant les instruments de sa passion*, par Bassano. — La *Sainte Famille à table*, par Le Corrége. — La *Vierge accroupie avec l'Enfant Jésus devant elle*, attribuée à Andrea del Sarto.

Une porte épaisse, garnie de fer et de verroux, donne entrée dans la salle du Trésor, construite sous Paul V, en 1618.

La voûte est ornée de peintures de Christophe Roncalli, surnommé le Pomarance; c'est, dit le P. Caillau, un travail surprenant et grandiose. Ces fresques représentent les différentes scènes de la vie de la Sainte Vierge, entremêlées de prophètes et de sibylles. A côté d'une magnifique peinture de la *Sibylle de Cumes*, on voit la *Naissance de la Sainte Vierge*; — puis *David* dans l'extase de l'inspiration divine, et près de lui la *Présentation de Marie au temple*; — la *Sibylle Érythrée* et le *Mariage de la Sainte Vierge*; — le prophète *Isaïe*, la *Sibylle de Cumes* et l'*Annonciation*; — le roi *Salomon*, la *Sibylle de Samos et la Visitation*; — le prophète *Osée* et la *Fuite en Egypte*; — la *Sibylle Persique* et l'*Enfant Jésus retrouvé au milieu des docteurs*; — le prophète *Malachie*, la *Sibylle Phrygienne* et la *Mort de la Sainte Vierge*, enfin le saint homme *Job*.

Le milieu de la voûte forme trois compartiments. Au centre, la *Vierge sortant de son tombeau accompagnée par les anges*. Dans les deux autres compartiments sont représentés l'*Assomption* et le *Couronnement de la Sainte Vierge*.

Le tableau représentant la *Sainte Vierge au pied de la croix*, qui surmonte l'autel, est de Roncalli.

Le grand chandelier de bronze placé devant l'autel, et qui est si remarquable par sa hauteur, son poids et son travail, fut donné par la confrérie des forgerons de Bologne, en 1588.

Autrefois, on voyait encore dans cette salle deux chefs-d'œuvre : une *Sainte Famille*, de Raphaël, et un *Enfant Jésus au berceau*, de Claude Rodolphe, de Vérone; mais l'un et l'autre furent enlevés en 1797 et transportés en France, d'où ils ne sont pas revenus.

On connaît l'histoire du Trésor de Lorette. Formé des dons de l'Univers entier, il renfermait au siècle dernier des richesses vraiment incalculables. Les impôts, les guerres, les pillages, dans lesquels malheureusement nous trouvons la main de la France, ont tout fait disparaître; on enleva jusqu'aux cristaux qui protégeaient contre la poussière les pierres précieuses et les vases d'or. Il ne resta plus que les armoires vides et les fresques de la voûte. Il est vrai que c'était encore un trésor.

Quelque riche que paraisse au premier coup d'œil le Trésor actuel, il est bien pauvre en comparaison de l'ancien. La seule indication des objets rares et remarquables qui s'y voyaient en 1792, prend dans la description de Murri, écrite avec la sobriété d'un inventaire, 37 grandes pages in-4°, d'un texte fin et compacte. Toutefois, si nous considérons ce qu'ont produit, au milieu des commotions politiques de toutes sortes, les soixante dernières années, loin d'accuser notre siècle, nous admirerons sa générosité et son filial dévouement.

Les 69 armoires de noyer qui garnissent les murs de la salle ont coûté 565,000 francs. C'est un don du cardinal Gallo, d'Osimo, protecteur de la Santa Casa, lequel, pour la construction, les peintures et l'ameublement de cette salle, a dépensé 113,000 ducats.

Nous mentionnerons les objets les plus remarquables renfermés dans les armoires :

Armoire N° 1. Des colliers et autres objets de peu de valeur.

N° 2. Des colliers d'ambre ; — un oval en vermeil avec le relief de saint Jean Népomucène.

N° 3. Des colliers de corail artistement disposés.

N° 4. Une couronne d'argent, et, au-dessous, une grande quantité de cœurs d'argent formant le nom de MARIE.

N° 5. Des colliers de corail montés sur or et disposés en forme de cassette ; — des pendants d'oreilles.

N° 6. Dons de diverses personnes pieuses, comme au n° 1.

N° 7. Des colliers d'or disposés en forme de pavillon, et, au milieu, un médaillon d'or en filigrane.

N° 8. Des colliers de corail, comme au n° 3.

N° 9. Une lampe d'argent très-ancienne.

N° 10. Entre autres dons on remarque : — une cassette d'or émaillé renfermant un fragment de pierre du Saint-Sépulcre ; — un bénitier en argent offert par un prêtre belge ; — un collier et des pendants d'oreilles en or émaillé.

N° 11. Un calice en vermeil avec sa patène, etc., d'un travail remarquable, donné par Maximilien, duc de Leuctemberg, en 1838.

N° 12. Plusieurs cœurs en argent, dont deux de très-grande dimension donnés par les confréries du Saint-Sacrement et du Rosaire de Camerino, le 10 mai 1857.

N° 13. Un calice d'argent.

N° 14. Divers joyaux et autres objets précieux, entre autres : — une croix épiscopale en argent ciselé, enrichie de diamants ; — une médaille d'or à l'effigie de Pie VII ; — un collier composé de sept malachites sculptées et reliées par une chaîne d'or, avec des pendants d'oreilles de même matière ; — un collier d'or et des pendants d'oreilles formés de pierres précieuses.

N° 15. Entre deux petits vases en rubis portant deux roses en vermeil, on admire un gracieux ostensoir également en vermeil, tout parsemé de perles, de saphirs, de chrysolithes, de rubis, de grenats, etc. Ces objets ont été donnés par la marquise Andovilla de Rome, en 1838.

N° 16. Un service complet en bronze doré pour les cérémonies pontificales, avec un calice en vermeil du plus beau travail; — à droite de la croix, un autre calice en vermeil et un ciboire d'un rare travail; — à gauche de la croix sont d'autres calices, dont le premier, qui est en vermeil, a été offert par les évêques de la province des Marches et de celle d'Urbin, assemblés à Lorette, en 1850, — un bel encensoir avec sa navette en vermeil, donné par Eugène de Beauharnais, vice-roi d'Italie, et Amélie de Bavière, son épouse, le 16 avril 1809; — les six chandeliers et la croix en métal doré ont été fabriqués à Rome aux frais du roi de Saxe.

N° 17. Une lampe d'or du poids de deux livres.

N° 18. Entre autres objets précieux, on remarque: — une chaîne d'or; — un collier d'or émaillé; — un collier d'agates orientales, donné par Caroline Hardouin, de Caen, en 1853; — un joyau d'or avec sa chaîne, quatre brillants enchâssés et une autre pierre précieuse au milieu, offert en 1858; — une broche avec 33 diamants, 9 grenats, 2 émeraudes et 2 topazes, offerte en 1859.

N° 19. Une riche fleur, imitant le tournesol, formée des diamants les plus purs, avec une grosse perle orientale au milieu; la tige et les feuilles sont en or émaillé. C'est un don que fit Louise de Bourbon, reine d'Étrurie et duchesse de Lucques, quand elle visita l'auguste sanctuaire en 1815. — Un calice en vermeil entouré de cinq rangs de rubis, offert par Eugène de Beauharnais et son épouse, le 16 avril 1809. — Un autre calice enrichi de brillants et d'émeraudes, avec 3 statuettes assises sur le pied, est encore un don que fit l'épouse du vice-roi d'Italie, le 9 septembre 1814. — Un cœur d'argent enrichi de brillants.

N° 20. Un vase d'agate; — un autre de jaspe, en forme de coquille. (Ces deux objets, donnés en 1570, ont été renvoyés de Paris en 1815.) — Une statuette d'ivoire représentant l'Immaculée Conception; — un petit groupe également d'ivoire représentant une *Pietà*. — Deux vases de porcelaine avec des bouquets de fleurs faites de plumes d'oiseaux d'Amérique. — Un vase d'argent avec un bouquet de fleurs artificielles. — Une statuette de bronze doré représentant la Sainte Vierge avec l'Enfant-Jésus sur ses genoux, style moyen âge. — Un crucifix de bois d'un travail extrêmement précieux, placé sur un piédestal de cristal de roche. — Une sainte Agathe, statuette en albâtre.

Nº 21. Un calice d'argent très-ancien.

Nº 22. Deux bracelets d'or émaillé. — Un cordon formé avec une chaîne d'or. — Cinq colliers de perles. — Une épingle avec un brillant au milieu et deux rubis. — Une paire de boucles d'oreilles en or émaillé avec rubis.

Nº 23. Un collier formé de 36 pierres précieuses ; — un autre joyau formé de brillants, de rubis et de perles ; — des pendants d'oreilles, des anneaux, des boucles, etc., enrichis des mêmes pierres précieuses ; le tout donné par le marquis J. Doria, de Gênes, en 1821.

Cette armoire renferme quantité d'autres objets non moins précieux, dons de diverses personnes pieuses.

Nº 24. Un service complet en argent pour les messes pontificales. — Un magnifique ostensoir d'argent, donné le 19 juin 1808 par la reine de Naples, épouse de Joseph Napoléon. — Un calice d'argent orné d'un double rang de rubis et de brillants, offert par Joachim Murat, roi de Naples, le 28 janvier 1809. — Plusieurs autres objets, parmi lesquels 8 calices plus ou moins précieux par la matière et le travail. L'un de ces calices, à coupe ciselée et enrichi de sept pierres fines enchâssées, a été offert par l'évêque de Saint-Brieuc et son diocèse, en 1859.

Nº 25. Une lampe d'argent.

Nº 26. Un collier d'or. — Deux bracelets de grenats. — Un reliquaire d'or renfermant un morceau de la robe de la Sainte Vierge. — Une topaze. — Un bracelet d'or.

Nº 27. Entre autres offrandes précieuses on remarque : — un diadème composé de 9 améthystes, 17 rubis et un grand nombre de diamants, donné en 1816 par la reine d'Espagne ; — un collier formé de 13 grosses améthystes et de brillants enchâssés, et une petite croix formée de 11 brillants. Ces deux objets ont été offerts, en 1826, par deux princesses de Sardaigne, devenues l'une impératrice d'Autriche, l'autre reine des Deux-Siciles. — Un cœur en vermeil enrichi d'améthystes. — Des décorations de divers ordres de chevalerie. — Une petite croix de diamants et une turquoise avec chaîne d'or. — Une rose formée de 29 diamants.

N° 28. Une magnifique robe de velours rouge étoilée de topazes, donnée par un sénateur russe en 1839 ; on en revêt la Madone aux jours de grandes fêtes. — Deux petits chandeliers d'ambre. — Une croix d'ambre provenant de l'ancien Trésor. — Un Christ d'or attaché à une croix de cristal montée sur un piédestal également de cristal et enrichie de 9 émeraudes, donné par Charles IV, roi d'Espagne, en 1816. — Un élégant reliquaire d'argent orné de quantité de pierres précieuses. — Un cadre avec représentation en argent des saints Crépin et Crépinien, offert par les cordonniers de Pesaro, en 1825, etc., etc.

N° 29. Un bénitier et un cœur en argent.

N° 30. Une agrafe d'or entourée de brillants avec une turquoise au milieu. — Une jambe en or, *ex-voto* offert en 1850. — Une croix de cristal avec son crucifix en or. — Une autre petite croix formée de brillants, suspendue à une longue chaîne d'or. — Deux bracelets d'or. — Des perles, etc.

N° 31. Cette armoire renferme plusieurs anneaux d'or enrichis de diamants, et un grand nombre de colliers de perles dont un en renferme 43, un autre 110 ; mais rien n'égale une magnifique perle orientale, célèbre dans l'ancien Trésor, et dont on regrettait doublement la perte. Un pêcheur l'avait trouvée dans les mers de l'Inde, et, tout surpris d'y voir comme une image de la Sainte Vierge portée sur les nuages et tenant l'Enfant-Jésus dans ses bras, il en avait fait hommage à N.-D. de Lorette. Pie VII eut la consolation de pouvoir la restituer au Trésor, en 1804.

N° 32. Un riche manteau donné par la reine de Danemark. — Six chandeliers gothiques en vermeil, don d'une princesse polonaise. — Plusieurs tableaux avec leurs cadres, aussi précieux par le travail que par la matière.

N° 33. Une statuette en argent de saint François d'Assise, offerte par la confrérie des Stigmates de Macerata.

N° 34. Un joyau composé de 3 topazes et de turquoises, suspendu à une chaîne d'or. — Plusieurs autres chaînes d'or. — Deux roses d'argent montées sur tige d'or et où sont enchâssés 14 diamants, offertes en 1860 par une dame de Lorette. — Une décoration militaire, offerte en 1862. — Des fleurs et des boucles d'oreilles d'or enrichies de pierres précieuses.

N° 35. Un calice en vermeil offert, le 15 mai 1814, par Pie VII, au retour de la captivité de Fontainebleau. — Un autre calice d'or massif, du poids de 5 livres, offert par Pie VIII, « *en reconnaissance des bienfaits obtenus par lui dans la Sainte Maison de Lorette.* » — Un troisième calice également d'or massif et pesant plus de 4 livres, que Pie IX offrit en 1857, après avoir célébré quatre fois la messe dans la Santa Casa pendant le séjour qu'il fit à Lorette.

N° 36. Deux grands vases de porcelaine avec miniatures, donnés en 1854 par un prêtre et quelques autres personnes de Limoges. — Un calice en porcelaine de Saxe. — Deux autres calices en argent. L'un de ces calices a été donné par une Française, M^me^ la vicomtesse Jurien (1). — Un tableau d'ivoire, avec encadrement d'ébène, représentant en relief l'Adoration des Mages. — Un plat antique sur lequel est représenté un temple païen. — Une boîte en argent pour renfermer le Saint-Sacrement.

N° 37. Une petite lampe d'argent d'un travail ancien.

N° 38. Deux petites croix d'or ornées l'une de grenats, l'autre d'émeraudes. — Un collier de grenats, puis des joyaux de peu de valeur matérielle, mais plus précieux peut-être aux yeux de Dieu que les plus riches offrandes. Ce sont les dons des artisans et des pauvres.

N° 39. Le nom de MARIE composé avec des diamants et des rubis, porté sur un croissant formé de 5 perles. — Un collier de topazes avec des pendants d'oreilles de même matière. — Plusieurs anneaux dont quelques-uns enrichis

---

(1) Un autre don beaucoup plus précieux que M^me^ Jurien a fait à la Sainte Vierge, c'est l'établissement des Filles de saint Vincent de Paul qu'elle a fondé à Lorette.

de diamants, des pendants d'oreilles, trois chaînes d'or dont une, enrichie de turquoises, porte un cœur de cristal orné de perles; etc., etc.

N° 40. Deux antiques bannières, autrefois suspendues à la coupole de la basilique, offertes l'une par l'Autriche, l'autre par la république de Venise, en reconnaissance de la victoire de Lépante et de la prise de Belgrade sur les Turcs. — Six magnifiques chandeliers de bois doré, avec la croix.

N° 41. Une peinture sur toile représentant sainte Philomène. — L'habit de noces du roi de Saxe, avec bordure enrichie de pierres précieuses, offert en 1828.

N^os^ 42, 43 et 44. Ces trois armoires sont vides depuis le pillage de 1797.

N° 45. Des anneaux d'or, des médailles, des pendants d'oreilles et autres objets, tous offerts pendant le premier semestre de 1858.

N° 46. Quelques joyaux et quantité d'autres objets plus précieux par le sentiment qui les a fait offrir que par leur valeur intrinsèque.

N° 47. Divers objets semblables à ceux du n° 46. — Des bracelets enrichis de pierres précieuses. — Une couronne offerte par une dame du Pérou. — Un cœur en vermeil enrichi de turquoises, offert en 1853 par une pieuse personne de Bordeaux.

N° 48. Deux vases de fleurs en coquillages, faits et donnés par un chanoine d'Ancône. — Deux instruments de paix très-anciens.

N° 49. Une lampe d'argent, donnée en 1858.

N° 50. Des cœurs, des colliers, des couronnes d'or, etc.

N° 51. Une montre en or et une autre en argent. — Deux portraits en miniatures. — Deux reliquaires d'argent en filigrane. — Un collier et une chaîne d'or.

N° 52. Quinze médailles d'argent. — Une décoration d'ordre de chevalerie. — Des pendants d'oreilles et autres objets offerts pendant les années 1858, 1860 et 1861.

N° 53. Deux manteaux courts à grains d'or, donnés par un chevalier de Malte. — Des pendants d'oreilles en or enrichis de perles, etc., etc.

N° 54. Un grand nombre d'offrandes plus ou moins précieuses.

N° 55. Au milieu d'une sorte de grand pavillon formé de plusieurs centaines de cœurs et autres *ex-voto* en argent se voit une statuette représentant l'Immaculée Conception et provenant de l'ancien Trésor.

N° 56. Un groupe de trois figures en albâtre représentant le Baptême de Jésus-Christ.

N° 57. Un collier de grenats. — Des pendants d'oreilles en or. — Un anneau d'or avec diamants, rubis et émeraudes. — Un coffret d'argent et autres dons offerts par des pèlerins de Lorette.

N° 58. Des anneaux et des croix d'or; des épingles enrichies de diamants. — Une pièce d'or à l'effigie du sultan Sélim offerte par un religieux arménien, etc., etc.

N^os^ 59, 60 et 61. Une grande quantité de colliers de corail, de boucles d'oreilles, d'anneaux, de médailles, etc., d'or et d'argent, que nous nous dispenserons d'énumérer, afin d'éviter les longueurs et les redites.

N° 62. Deux tabatières en argent. — Quelques colliers de grenats. — Un coffret d'argent. — Deux navettes en or, etc., etc.

N° 63. Des chapelets et des colliers de corail et d'or. — Un cœur en vermeil.

N° 64. Un vase formé avec des anneaux et autres joyaux offerts par de pieux pèlerins.

N° 65. Un tableau sur toile représentant la *Nativité de la Sainte Vierge*. C'est une œuvre remarquable du Schidone.

N^os^ 66, 67, 68 et 69. Il nous faudrait des pages entières pour énumérer les objets d'argent, d'or, et les pierres précieuses renfermées dans ces armoires. Nous mentionnerons seulement, dans la 66^e^, le saint nom de Jésus formé avec des anneaux d'or, et, dans la 69^e^, un vase également formé avec des anneaux d'or, comme au n° 64.

Tels sont les principaux objets que renfermait le Trésor à la fin de 1862. Voici maintenant la liste des dons les plus remarquables offerts depuis cette époque. Nous la donnons telle que le Gardien du Trésor nous l'a transmise.

1863. — Une petite croix de brillants montée sur or, suspendue à une chaîne également d'or et entremêlée de brillants, offerte par une Française, M^me^ Ray. — Une riche robe faite de petites lames d'argent brodées sur or, destinée à la statue de la Sainte Vierge pour les jours de fête, offerte par deux dames de Turin. — Huit rangs de perles de diverse grosseur reliés entre eux par une agrafe d'or.

1864. — Deux paires de boucles émaillées de pierres rouges et deux autres joyaux. — Un anneau d'or à triple rang de diamants. — Un collier de belles perles, donné par un curé de Lodi. — Une paire de boucles d'oreilles et une épingle d'or émaillée de rubis. — Une paire de boucles d'or et une épingle formée de 43 brillants.

1865. — Un anneau d'or avec des clous de diamant et de rubis. — Une épingle d'or formée d'une croix de diamants et d'émeraudes et d'un cœur de rubis, don d'une Polonaise. — Une paire de boucles d'or avec deux brillants. — Sept rangs de perles et des pendants d'oreilles en or garnis de perles.

1866. — Deux anneaux d'or avec brillant au milieu. — Une médaille d'or avec l'image de l'Immaculée Conception enchâssée dans une gloire et une couronne également d'or, ornée de rubis et de diamants et suspendue à une chaîne d'or, donnée par l'archevêque de Brindes.

## VI.

### Revêtement de la Santa Casa.

Sortis du Trésor, nous revenons, au-dessous de la grande coupole, admirer le revêtement de marbre qui recouvre, *sans les toucher*, les murailles de la Santa Casa.

Nous commençons par la façade occidentale, c'est-à-dire celle qui est tournée vers la grande porte de l'église.

Au-dessus de l'autel extérieur se voit la fenêtre qu'on appelle communément *fenêtre de l'Ange*. A droite et à gauche de cette fenêtre sont deux bas-reliefs de François de San Gallo, représentant l'un la *Visitation*, l'autre *Joseph et Marie donnant leurs noms à Bethléem*.

Au-dessus de la fenêtre se trouve cette *Annonciation* de marbre que Vasari ne se lassait pas d'admirer. « Le San- » sovino y a représenté l'Annonciation de la Vierge avec » une grâce si parfaite qu'on ne saurait rien voir de plus » beau. La Vierge écoute avec la plus grande attention ce » salut; l'Ange est à genoux, on ne le croirait pas en » marbre, il est vraiment tout céleste, et on dirait que de » sa bouche sort l'*Ave Maria*. Gabriel est accompagné de » deux autres anges en plein relief; l'un marche derrière » lui, l'autre semble voler. Deux autres se tiennent der- » rière la Maison, et sont travaillés à ce point que vous » les diriez vivants et en l'air. Sur un nuage qui semble ne » plus tenir au marbre, un groupe d'anges enfants sou- » tiennent Dieu le Père qui envoie le Saint-Esprit dans » un rayon de marbre : ce rayon part de sa bouche, il est » entièrement détaché du fond, et paraît tout naturel, » ainsi que la colombe, symbole du Saint-Esprit, qui » repose sur lui. On ne saurait exprimer la beauté ni la » finesse du travail d'un vase de fleurs, où André a déployé » toute la grâce de son ciseau, ainsi que dans les ailes des » Anges, leurs cheveux, l'expression de leurs visages et » les draperies de leurs vêtements. En un mot, il a jeté » tant de perfection sur cette œuvre divine, qu'on ne sau- » rait jamais l'en louer dignement. Et vraiment ce lieu » sacré, propre maison de la Mère de Dieu, habitée par » son Fils, ne pouvait recevoir un plus bel ornement et » une plus riche décoration que cette architecture de Bra- » mante et ces sculptures du Sansovino. Revêtez-la de » diamants et de perles orientales, que sont tous ces trésors » en regard de tels chefs-d'œuvre (1)? »

---

(1) Vasari, *Vita di Andrea Sansovino*, lib. III, part. III.

Il semble, dit un auteur, que Sansovino ait voulu reproduire, et il y a réussi, ces tercets de la *Divine Comédie* :

Là règne un marbre blanc enrichi de sculpture,
Telle que Polyclète et même la nature
Eussent été forcés de s'avouer vaincus.

L'Ange qui vint porter à la terre éplorée
La paix, par tant de pleurs si longtemps implorée,
Et qui rouvrit le ciel où l'on n'arrivait plus,

Le prophète *Jérémie*, à gauche de l'*Annonciation*, est encore un chef-d'œuvre de Sansovino; la *Sibylle Lybique*, au-dessus, est de J.-B. della Porta;

*Ézéchiel*, à droite, de Jérôme Lombard; la *Sibylle de Delphes*, de J.-B. della Porta.

On connaît l'oracle de Jérémie : « Le Seigneur a créé » sur la terre un prodige nouveau : une femme renfermera » un homme dans son sein (1). » Voici celui qu'on attribue à la Sibylle Lybique : « Le jour arrive où le Prince de » l'éternité, éclairant la terre réjouie, effacera les crimes » des hommes. Il fera justice à tous. Le Roi saint qui vit » dans tous les siècles viendra se reposer dans le sein de la » Reine du monde (2). »

Ezéchiel avait dit : « Je susciterai à mes brebis un Pas» teur unique, qui les mènera aux pâturages (3). » La Sibylle de Delphes : « Conçu dans le sein d'une Vierge, » il viendra au jour sans le secours d'un père mortel (4). »

---

Était figuré là, si vivant, si céleste,
Si suave et si frais d'attitude et de geste,
Qu'il ne paraissait pas marbre muet et vain.

On eût juré l'ouïr dire : *Ave*, car tout proche,
Était sculptée aussi la Vierge sans reproche,
Qui du divin Amour tient les clefs dans sa main.

Son maintien exprimait si bien cette parole :
*Ecce ancilla Dei!* que sur la cire molle
Le portrait qui s'imprime a moins de vérité.

(Dante, *Purgatoire*, X.)

(1) Novum creavit Dominus super terram; fœmina circumdabit virum. — Jerem., XXXI, 22.

(2) Ecce dies veniet, quo æternus tempore Princeps,
Irradians sata læta, viris sua crimina tollet.
Æquus erit cunctis; gremio Rex membra reclinat
Reginæ mundi, sanctus per sæcula vivus.

Sibyll. Orac. à D. J. Opsopæo Brettano. Paris, 1599. — Voir à la fin de l'*Histoire de Notre-Dame de Lorette*, par le P. Caillau, l'analyse d'une excellente dissertation du P. Crasset sur l'authenticité des livres sibyllins.

(3) Suscitabo super eas Pastorem unum qui pascat eas. Ezech., XXXIV, 23.

(4) .............. Virgineâ conceptus ab alvo
Prodibit sine contactu maris..........

Continuons par la droite le tour des saintes murailles.

Sur le mur du midi : *Malachie*, de Jérôme Lombard : « Le soleil de justice se lèvera (1). » Au-dessus, la *Sibylle de Perse* : « Il sera engendré d'une Vierge Mère... C'est » d'une Vierge pure que ce grand Dieu prendra nais- » sance (2). »

*Les Bergers à la crèche*, par Sansovino, au-dessus d'une des portes qui donnent accès dans la Santa Casa. Aux angles supérieurs de cette porte, comme de toutes les autres, sont les armes des Médicis.

*David*, la harpe à la main et la tête de Goliath à ses pieds, par Jérôme Lombard : « J'établirai sur votre trône » le fruit de votre ventre (3). » *La Sibylle de Cume* : « Alors » Dieu fera descendre du sommet de l'Olympe un roi nou- » veau ; alors une Vierge sacrée nourrira de son lait le Roi » de la milice céleste (4). »

Au-dessus de la porte qui mène au Santo Camino, l'*Adoration des Mages*, ébauchée par Sansovino et terminée par Raphaël de Monte-Lupo et J. Lombard.

Le prophète *Zacharie*, de J. Lombard : « Voici que je » ferai paraître l'Orient mon serviteur; voilà l'Homme : » l'Orient est son nom (5). » La *Sibylle Erythrée* : « Je » vois le Fils de Dieu qui est descendu du Ciel..... Une » Vierge auguste de la race des Hébreux le donnera au » monde..... Il aura une Vierge pour mère (6). »

---

(1) Orietur sol justitiæ. — Malach., IV, 2.

(2) Virgine matre satus.............
Ille Deus castâ nascetur Virgine magnus.

(3) De fructu ventris tui ponam super sedem tuam. — Psal. CXXXI, 11.

(4) Tunc Deus è magno Regem demittet Olympo.
Militiæ æternæ Regem sacra Virgo cibabit
Lacte suo... — Sibyll. Orac., *undè suprà*.

(5) Ecce ego adducam servum meum Orientem... Ecce Vir : Oriens nomen ejus. — Zach., III, 8, VI, 12.

(6) Cerno Dei Natum qui se demisit ab alto...
Hebræâ quem Virgo feret de stirpe decora...
Virgine matre satus...

A la façade orientale :

*Moïse :* « Le Seigneur te suscitera de ta nation un pro-
» phète comme moi (1). » La *Sibylle de Samos :* « L'homme
» pourra toucher de ses mains le Roi glorieux des vivants,
» ce roi qu'une Vierge sans tache réchauffera dans son
» sein mortel (2). »

Au milieu sont deux grandes sculptures superposées l'une à l'autre. Sur la plus basse sont représentées les *quatre Translations de la Sainte Maison;* sur l'autre, la *Mort de la Sainte Vierge*; les apôtres l'entourent; des anges voltigeant dans les airs semblent attendre le moment de l'enlever dans la gloire, tandis qu'une troupe de Juifs cherchent à dérober le précieux dépôt. Au-dessous de ces sculptures on lit l'inscription suivante gravée par l'ordre de Clément VIII.

« Chrétien étranger qui, conduit par le vœu de la piété,
» êtes venu dans ce lieu, vous voyez la Sainte Maison de
» Lorette, vénérable aux yeux de tout l'Univers par ses
» divins mystères et par la gloire de ses miracles. C'est là
» que la très-sainte Vierge Marie, Mère de Dieu, a vu le
» jour; là qu'elle a été saluée par l'ange; là que le Verbe
» éternel de Dieu s'est fait chair. Transportée d'abord par
» les anges de la Palestine à la ville de Tersatz, en Illyrie,
» l'an du salut 1291, sous le Pontificat de Nicolas IV;
» trois ans après, au commencement du règne de Boniface
» VIII, elle a passé, soutenue toujours par les esprits cé-
» lestes, sur les terres d'Ancône, près de la ville de Réca-
» nati, dans un bois de cette colline, où, après avoir
» changé trois fois de place dans l'espace d'une année,
» elle a enfin, par un effet de la Providence, fixé ici son
» séjour depuis 300 ans. Dès lors, la nouveauté d'un si
» grand prodige ayant frappé d'admiration les peuples
» voisins, et le bruit des miracles opérés dans ce lieu s'étant
» propagé au loin, toutes les nations ont environné de

(1) Prophetam de gente tuâ, sicut me, suscitabit tibi Dominus. — Deut. XVIII, 15.

(2) Hunc poterunt clarum vivorum tangere Regem,
Humano quem Virgo sinu inviolata fovebit.

» leur respect cette sainte Maison, dont les murailles, » quoique posées sans fondement sur la terre, demeurent, » après tant de siècles, solides et dans une parfaite inté- » grité. Le pape Clément VII l'a revêtue de toutes parts de » cet ornement de marbre, dans l'année 1525. Clément VIII » a commandé d'écrire sur cette pierre une courte histoire » de cette admirable translation, l'an 1595. Antoine-Marie » Gallo, cardinal-prêtre de la sainte Église romaine, pro- » tecteur de la Sainte Maison, a pris soin de faire exécuter » cet ordre. Pour vous, pieux étranger, vénérez religieuse- » ment la Reine des anges et la Mère des grâces, afin que, » par ses mérites et par ses prières, vous obteniez de son » aimable Fils, auteur de la vie, le pardon de vos péchés, » la santé du corps et les joies de l'éternité. »

*Balaam :* « Il sortira une étoile de Jacob, et un rejeton » s'élèvera d'Israël (1). » La *Sibylle de Cumes*, dans le Pont : « Humble en tout, il (le Fils de Dieu) choisira pour » Mère une Vierge chaste (2). »

Sur la façade du Nord :

*Isaïe :* « Voilà qu'une Vierge concevra et enfantera un » fils, et son nom sera Emmanuel (3). » La *Sibylle Hellespontique :* « Un jour, dans mes méditations, je vis une » Vierge élevée, à cause de sa chasteté, à un sublime » honneur. Le Très-Haut l'a jugée digne de cet auguste » ministère ; elle donnera au monde un rejeton éclatant » d'une glorieuse splendeur ; car il sera vraiment le Fils » glorieux du Maître du tonnerre ; il viendra gouverner le » monde dans une profonde paix (4). »

---

(1) Orietur stella ex Jacob, et consurget virga de Israël. — Num. XXIV, 17.

(2) In cunctis humilis castam pro Matre puellam
Deliget.

(3) Ecce Virgo concipiet et pariet filium, et vocabitur nomen ejus Emmanuel. — Is. VII, 14.

(4) Dum meditor quondam, vidi decorare Puellam
Eximio, castam quod se servaret, honore ;
Munere digna suo et divino numine visa,
Quæ sobolem mundo pareret splendore micantem
Progenies summi speciosa et vera Tonantis,
Pacificâ mundum qui sub ditione gubernet.

Au-dessus de la porte qui conduit à la partie supérieure de la Sainte Chapelle, la *Nativité de la Sainte Vierge*, commencée par Sansovino, continuée par Bandinelli et achevée par Raphaël de Monte-Lupo.

Puis viennent le prophète *Daniel* : « Soixante-dix semaines ont été abrégées, afin que l'iniquité soit détruite, » et que le Saint des saints reçoive l'onction (1) ; » et la *Sibylle Phrygienne* : « C'est dans le sein d'une Vierge que » Dieu lui-même a voulu faire descendre d'en haut son » propre Fils que l'ange viendra annoncer à cette auguste » Mère (2). »

Au-dessus de la porte par où l'on entre dans la Santa Casa : le *Mariage de la Sainte Vierge*. On admire surtout la figure si expressive du personnage indigné qui brise, en l'appuyant contre son genou, son bâton qui n'a pas fleuri. Le prophète *Amos* vêtu en berger, avec son chien à ses pieds : « Dans ce jour, j'élèverai le tabernacle de David (3). » La *Sibylle de Tibur* : « J'ai pu montrer cette Vierge sainte, » dont le sein concevra, dans le pays de Nazareth, celui » qui, Dieu dans la chair, se fera voir dans les campagnes » de Bethléem (4). »

Les quatre portes en bronze sont de Jérôme Lombard ; elles méritent d'être examinées, même après celles de la basilique.

Sur la 1re, au midi, sont représentées l'*Incarnation* et la *Nativité du Sauveur* ;

Sur la 2e, l'*Adoration des Mages* et *Jésus parmi les docteurs* ;

Sur la 3e, la *Flagellation* et la *Prière au jardin des Oliviers*. La tête du Sauveur est usée par les baisers des fidèles.

Sur la 4e, *Jésus montant au Calvaire* et *Jésus en croix*.

---

(1) Septuaginta hebdomades abbreviatæ sunt, ut deleatur iniquitas et ungatur Sanctus sanctorum. — Dan. IX, 24.

(2) Virginis in corpus voluit demittere Cœlo
Ipse Deus Prolem, quam nuntiat Angelus almæ
Matri...

(3) In illà die suscitabo tabernaculum David. — Amos. IX, 11.

(4) ............ Sanctam potui monstrare Puellam,
Concipiet quæ Nazaræis in finibus illum
Quem sub carne Deum Bethlemitica rura videbunt.

N'oublions pas que la plupart des artistes qui ont exécuté ces chefs-d'œuvre ont offert à la Sainte Vierge l'hommage de leur beau talent, et n'ont voulu recevoir aucune rétribution.

## VII.

### Intérieur de la Santa Casa.

La Chambre de Marie mesure à l'intérieur un peu moins de 30 pieds de longueur, 13 de largeur et à peu près autant d'élévation (1). Dans le mur du côté du nord on voit les traces de l'ancienne porte murée. Près de cette porte est la sainte armoire renfermée dans un buffet moderne; là sont conservés deux des vases qui servirent à la Sainte Famille. Endommagés par la cupidité sacrilége des Français qui, en 1797, les dépouillèrent de leur revêtement d'or, ils ont été réparés et recouverts, par ordre de Pie VII, d'une feuille de cuivre doré. Dans cette même armoire se conserve une copie authentique de la lettre qu'écrivit l'évêque de Coïmbre en renvoyant la pierre enlevée à la Sainte Maison (2); cette pierre est scellée dans le mur méridional avec une petite barre de fer. Non loin de cette pierre est suspendu le boulet que fit déposer, en témoignage de reconnaissance, Jules II sauvé par la Sainte Vierge au siége de la Mirandole. Au couchant est la fenêtre de l'ange, garnie d'une grille en bronze. Au-dessus est placée l'antique croix apportée avec la Sainte Maison. L'autel primitif, consacré par saint Pierre, est renfermé dans le nouveau; on peut le voir par le moyen d'un petit guichet.

Derrière l'autel est un espace libre qu'on appelle le *Santo Camino*, à cause de la cheminée placée dans le fond. Entre cette cheminée et la porte est un petit enfoncement

---

(1) Les murailles ont 1 pied 2 pouces (38 cent. d'épaisseur).

(2) Voir *La Sainte Maison de Lorette*, 4e édition, p. 116.

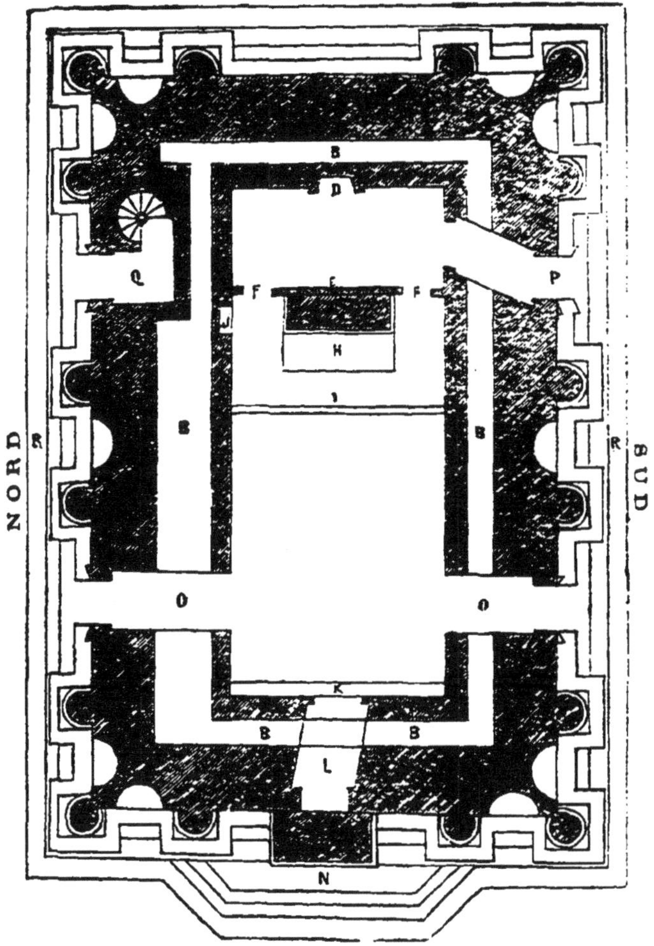


# PLAN GÉNÉRAL

**De la Santa Casa et du Revêtement de marbre.**

*A*. Revêtement de marbre.
*B*. Espace entre les murs.
*C*. Murs de la Sainte Maison.
*D*. S. Camino et statue.
*E*. Sanctuaire.
*F*. Portes.
*G*. Autel venu avec la S. M.
*H*. Marche-pied de l'autel.
*I*. Table de la communion.
*J*. Armoire.
*K*. Poutre.
*L*. Fenêtre de l'Ange.
*M*. Autel de l'Annonciation.
*N*. Marche-pied.
*O*. Portes de la Sainte Maison.
*P*. Porte du Sanctuaire.
*Q*. Porte de l'escalier qui mène au-dessus du revêtement.
*R*. Marche creusée par les genoux des pèlerins.

pratiqué dans le mur, où l'on conserve un troisième vase ou écuelle que l'on fait baiser aux pèlerins. Ce vase est intègre, sa riche garniture d'or ayant échappé, par un heureux prodige, aux spoliations des armées républicaines.

Au-dessus de la sainte cheminée, dans une niche autrefois toute d'or et parsemée de pierres précieuses, mais aujourd'hui décorée seulement d'arabesques en bois doré, on vénère l'antique statue de la Vierge sculptée en cèdre du Liban par saint Luc. Elle a 87 centimètres (2 pieds 8 pouces) de hauteur. Les bijoux sans nombre dont l'avaient dépouillée les troupes révolutionnaires ont été remplacés par de nouveaux dons; l'or, les diamants, les perles brillent de toutes parts sur la tête, les vêtements et les bandelettes de velours qui décorent l'image sacrée.

Nous n'entrerons pas dans le détail de ces richesses; ce serait un nouveau Trésor à décrire. Tel joyau contient 140 pierres précieuses, tel autre 265. Nous ne parlerons pas non plus des nombreuses lampes d'argent suspendues à la voûte, des deux bustes d'argent placés sur la grande armoire extérieure, dont l'un pèse plus de 67 livres, ni des *ex-voto* attachés aux murailles. C'est avec le cœur bien plus qu'avec les yeux qu'il faut visiter ce sanctuaire incomparable.

## VIII.

### Souvenirs du pèlerinage.

Voici les principaux objets de dévotion qu'on peut emporter de Lorette :

1° Les croix, chapelets, médailles, images, etc., bénits par le contact des saintes murailles et de l'écuelle de l'Enfant-Jésus.

2° Des morceaux des voiles noirs dont on revêt la Madone pendant la semaine sainte. Ces morceaux de voiles sont appliqués sur des images avec le sceau de la Sainte Maison et la signature d'un des custodes.

3° De la poussière que l'on recueille chaque fois que les saintes murailles sont époussetées. Elle est enfermée dans un papier plié en forme de lettre et scellé du cachet de la Sainte Maison.

4° Des cierges bénits sur lesquels sont peintes la Sainte Maison et la statue.

5° Des écuelles de terre sur le modèle de celle de l'Enfant-Jésus, et dans la pâte desquelles on a mélangé de la poussière des saintes murailles.

---

NOTA. 1° Clément VIII a accordé à tous ceux qui visitent l'église de Lorette une indulgence plénière. Clément IX, par un bref apostolique en date du 26 septembre 1701, a confirmé cette indulgence et l'a rendue applicable aux âmes du Purgatoire.

Clément VIII a également accordé à tous ceux qui font à genoux le tour de la Santa Casa sept ans et sept quarantaines d'indulgence.

2° Pie VII, par un Bref apostolique en date du 19 décembre 1806, a accordé aux custodes de la Santa Casa la faculté d'attacher aux crucifix et médailles des pèlerins l'indulgence plénière *pour l'article de la mort*, et d'appliquer aux chapelets l'indulgence de sainte Brigitte, au moment où ils sont déposés dans l'écuelle de l'Enfant-Jésus.

3° De Lorette il faut moins d'une heure pour aller visiter la Bandirola, c'est-à-dire l'ancien bois des Lauriers où fut la première station de la Sainte Maison en Italie. Une autre visite qu'aucun pèlerin de Lorette ne peut se dispenser de faire, c'est celle du champ de bataille de Castelfidardo. A ceux qui sont avides de fortes émotions, nous conseillons de porter avec eux et de lire sur les lieux mêmes l'admirable *Oraison funèbre des martyrs de Castelfidardo*, par Mgr Dupanloup.

LA

# SAINTE MAISON

## DE LORETTE

PAR

M. l'Abbé A. GRILLOT.

---

**QUATRIÈME ÉDITION**

Ornée de plusieurs Gravures et d'un Plan de la Sainte Maison.

---

Ouvrage approuvé par NN. SS. les évêques d'Autun, de Dijon, de St-Claude, d'Évreux, de La Rochelle, de Mende, de Rodez, de Carcassonne, de Nancy, d'Ajaccio, de Pamiers, d'Arras, du Mans, d'Hébron, etc.; par NN. SS. les archevêques d'Aix, de Bourges et d'Albi, et par S. E. Mgr Donnet, cardinal archevêque de Bordeaux.

---

LYON, librairie JOSSERAND, place Bellécour;
MACON, chez l'Auteur et chez tous les Libraires.

---

**Un vol. in-8. — Prix (franco par la poste) 2 fr.**

---

Vingt-deux approbations épiscopales et six mille exemplaires écoulés dans l'espace d'une année, presque sans publicité ni réclame, tels sont les titres de ce livre à la confiance des lecteurs. Aussi est-ce avec la certitude d'un bienveillant accueil que nous offrons cette quatrième édition au public qui a si bien accueilli les trois autres.

---

Bordeaux, le 12 mai 1866.

Monsieur l'Abbé,

La translation de la Sainte Maison de Lorette est un fait immense et miraculeux, attesté par une nuée de témoins irrécusables, prouvé par des démonstrations invincibles, rendu permanent par l'autorité des saints Pontifes et la confirmation des siècles; il est à lui seul une révélation. La foi catholique s'éclairant de cette lumière n'a plus que les ombres impénétrables de ses mystères divins. Sa certitude s'impose, et sa vérité se grave dans le cœur en caractères profonds et ineffaçables.

Vous avez eu, Monsieur l'abbé, la pieuse et féconde inspiration de réunir dans quelques pages poétiques les preuves de ce grand prodige, et de consacrer à son évidente constatation votre plume facile et entraînante; vous ne pouviez faire un meilleur usage des talents que vous tenez de Dieu.

Recevez, Monsieur l'abbé, avec toutes mes félicitations, l'assurance de mes sentiments distingués.

† FERDINAND, card. DONNET, arch. de Bordeaux.

---

Saint-Claude, le 16 septembre 1866.

MONSIEUR L'ABBÉ,

J'ai voulu lire votre livre de la *Sainte Maison de Lorette* avant de vous faire mes remerciements de votre généreux envoi.

Si j'ai mis quelques jours de retard à vous les exprimer, ils n'en seront que plus vifs, car je ne saurais vous dire tout ce que cette lecture a apporté à mon âme d'admiration et d'édification.

Vous avez fait tout à la fois un beau livre et un bon livre :

Un beau livre, parce que rien n'est plus complet et plus décisif que les témoignages que vous faites valoir si victorieusement en faveur de la miraculeuse translation de la *Sancta Casa Lauretana*, embellis qu'ils sont de tous les charmes d'une grande érudition, d'un beau style et d'une riche imagination;

Un bon livre, parce qu'il contribuera puissamment à l'accroissement de la dévotion des peuples envers la Sainte Vierge, à la gloire de l'Eglise, épouse de son divin Fils, et au succès de la cause qui nous est si chère dans la douloureuse position faite par l'envie, la haine, l'impiété et toutes les plus mauvaises passions ameutées ensemble, au seul grand homme dont l'Italie moderne puisse se glorifier, l'immortel Pie IX, notre Saint Père bien-aimé.

Soyez assuré que je ne négligerai rien pour répandre votre précieuse production dans mon diocèse; elle fait honneur non-seulement à son pieux auteur, mais encore au clergé qui vous compte dans ses rangs.

† LOUIS-ANNE, évêque de Saint-Claude.

---

Albi, le 6 novembre 1866.

MONSIEUR L'ABBÉ,

C'est avec un indicible plaisir que j'ai lu, dans l'ouvrage que vous venez de publier, tout ce qui se rapporte à la Sainte Maison de Nazareth.

Jamais histoire plus vraie et plus attachante: plus vraie, elle est fondée sur les preuves les plus irrécusables; plus attachante, c'est en vérité, par les incidents et les péripéties dont elle est remplie, une sorte d'Odyssée.

Que d'événements se sont accomplis sous son humble toit! C'est là que l'ange vint annoncer à Marie qu'elle serait Mère de Dieu. C'est là que le Sauveur habita, avec sa sainte Mère et saint Joseph, trente ans de sa vie. C'est là qu'il pria, qu'il travailla de ses mains, qu'il vécut de privations et de mortifications.

On est heureux d'apprendre, en suivant à travers les siècles ses diverses translations, que nous avons le bonheur de la posséder sur les côtes de l'Adriatique, dans un état de parfaite et miraculeuse conservation.

Ayant eu l'avantage, en 1842, de la visiter quand nous revenions de baiser les pieds du pape Grégoire XVI, de glorieuse mémoire, nous nous sommes cru un instant, en lisant les belles et poétiques pages que vous avez écrites sur ce merveilleux sanctuaire, encore dans son enceinte.

C'est que, admirable *cicerone*, vous avez si bien raconté, avec votre style coloré, tout ce qui peut, dans son sein, exciter et raviver la piété chrétienne! Vous lui faites en quelque sorte voir de ses yeux et toucher de ses doigts les lieux bénis où se sont opérés les plus grands mystères. Aucun détail intéressant ne manque à vos récits sur la *Sancta Casa*.....

Je ne saurais donc, Monsieur l'abbé, trop vous remercier des douces heures que vous m'avez fait passer; car elles sont de celles qui, par les souvenirs qu'elles rappellent, font du bien au cœur et à l'âme. Elles ravivent, avec la foi, le sentiment de la piété et de la reconnaissance.

D'autres, je n'en doute pas, éprouveront en parcourant votre ouvrage la même satisfaction que moi; ils seront heureux, s'ils ont déjà vu la *Sancta Casa*, de se retrouver avec leurs réminiscences de pèlerins. Si, par hasard, ils ne l'ont pas encore vue, ils concevront le désir d'aller faire connaissance avec elle; agenouillés sur ses parvis usés, ils prieront avec ferveur pour eux et leur famille, sans oublier celui qui leur aura inspiré cette bonne pensée.

† J.-P., archevêque d'Albi.

---

Rodez, le 4 janvier 1867.

MONSIEUR L'ABBÉ,

Un des objets qui intéressent le plus vivement la piété catholique et qui contribuent le plus efficacement à la glorification de la Vierge Immaculée, c'est, sans contredit, le sanctuaire de Lorette. Il n'intéresse pas moins l'histoire par le fait extraordinaire et vraiment miraculeux de la translation de cette sainte Maison, où le Verbe s'est fait chair et où il a vécu avec Marie et Joseph. Les preuves de ce fait sont tellement multipliées et tellement précises qu'elles atteignent la rigueur d'une démonstration mathématique, et, si elles ne constituent pas un dogme de foi, elles fondent du moins une entière certitude pour quiconque ne veut pas se jeter dans le scepticisme historique.

Vous avez eu l'heureuse idée de grouper d'une manière succincte les principaux documents qui se rattachent à ce grand événement, qui a doté l'Italie d'un si précieux trésor, et d'y joindre le récit attrayant des pèlerinages qui ont illustré ce sanctuaire et des miracles qui s'y sont accomplis depuis cinq cents ans. Cette étude vous a fourni la matière d'un volume aussi solide que gracieux, intitulé : *La Sainte Maison de Lorette.* Autant cette œuvre satisfait l'esprit par les raisonnements d'une saine critique, également éloignée de la crédulité des ignorants et de la fatuité des libres-penseurs, autant elle satisfait le cœur par le parfum d'une tendre dévotion envers les plus chers objets de notre culte : Jésus, Marie, Joseph, dont chaque pierre de la *Sancta Casa* répète les noms à jamais bénis dans le ciel et sur la terre. La lecture de votre intéressant travail fait naître un vif désir d'aller visiter ce sanctuaire et baiser amoureusement cette grande relique, à la suite des papes, des empereurs, des rois et des reines, des saints les plus illustres, des savants les plus distingués, des princes et des seigneurs de ce monde, ainsi que des gens du peuple de toutes les conditions, dont le nombre s'élève de *cent cinquante à deux cent millions.* Ces grands souvenirs transportent l'âme dans une région supérieure, et elle s'écrie avec enthousiasme : *Digitus Dei est hic!*

Merci, Monsieur l'abbé, de l'envoi que vous m'avez fait de votre livre et des douces émotions que j'ai éprouvées en le lisant. Je fais des vœux pour qu'il trouve un grand nombre de lecteurs et qu'il popularise en France cet objet trop peu connu aujourd'hui de la douce et salutaire dévotion envers l'auguste Mère de Dieu dans son domicile terrestre.

† LOUIS, évêque de Rodez.

---

Genève, le 14 janvier 1867.

MONSIEUR L'ABBÉ,

Je suis heureux de joindre mes éloges à ceux que plusieurs évêques vous ont déjà donnés. Votre livre sur Notre-Dame de Lorette offre tout à la fois une démonstration irréfutable du fait miraculeux qui se rattache à ce sanctuaire et le récit entraînant d'un pieux pèlerin. Déjà deux éditions attestent son succès ; plus que jamais, votre livre deviendra le guide des chrétiens qui ont le désir de ce grand et doux pèlerinage. Saint François de Sales avait fait vœu, dans sa jeunesse, d'aller à Notre-Dame de Lorette ; lorsqu'il put le réaliser, il resta deux heures au pied de l'autel de la Mère de Dieu. C'est en invoquant ce souvenir d'un saint qui m'est cher que je viens vous féliciter de votre publication et vous souhaiter la joie que vous désirez, de voir, sous votre inspiration, se multiplier les pèlerins dans le sanctuaire le plus célèbre du monde catholique.

† GASPARD, évêque d'Hébron, auxiliaire de Genève.

---

MACON, IMP. PROTAT.

# OUVRAGE DU MÊME AUTEUR.

**La Sainte Maison de Lorette.** — 4e Édition, ornée de plusieurs gravures et d'un plan de la Sainte Maison.

Ouvrage approuvé et recommandé par plusieurs membres de l'Episcopat français. — Prix (franco par la poste), 2 fr.

---

Dijon, le 23 septembre 1866.

Monsieur l'Abbé,

Je vous remercie de m'avoir adressé votre excellent livre sur la Sainte Maison de Lorette. Je l'ai lu avec le plus vif intérêt et un bien sensible plaisir. Je le recommanderai autour de moi, et je m'estimerai heureux de contribuer à le faire connaître dans mon diocèse.

Je vous félicite d'avoir si bien réussi. L'esprit et le cœur sont également satisfaits par cette attachante lecture.

Agréez, etc.

† FRANÇOIS,

Évêque de Dijon.

---

La Rochelle, 13 novembre 1866.

J'ai lu, par ordre de Mgr Landriot, évêque de La Rochelle et Saintes, un livre ayant pour titre : *La Sainte Maison de Lorette*, par M. l'abbé Grillot, du diocèse d'Autun, et j'en ai été profondément édifié. Dans un style brillant et poétique, sans aucun doute, mais grave et saisissant, comme la vérité, l'auteur fait avec un charme qui vous entraîne l'historique de *la Sainte Maison*. Les preuves si solides qui démontrent l'identité de la petite demeure de Nazareth et la réalité de sa translation sont développées avec autant de clarté que de force, et l'œil se promène ensuite avec bonheur sur cette longue série de siècles, où la voix des prodiges, les paroles et les actes des Souverains Pontifes, et les innombrables pèlerinages, ceux en particulier que fournit la France, viennent rendre successivement témoignage à un fait si imposant et si merveilleux. Ce livre peut être offert à tous ; l'incrédulité n'y trouvera point à sourire, et la piété y rencontre partout lumière, édification et joie.

PETIT,

Vicaire général de La Rochelle.

MACON, IMP. PROTAT.

www.ingramcontent.com/pod-product-compliance
Ingram Content Group UK Ltd.
Pitfield, Milton Keynes, MK11 3LW, UK
UKHW021025200726
13857UKWH00004B/1599

9 782012 781382